DE L'IMPOSSIBILITÉ

D'UN GOUVERNEMENT REPRÉSENTATIF

AVEC LES

FORTIFICATIONS DE PARIS.

PAR A.-J.-C. SAINT-PROSPER,

Auteur de l'*Observateur au XIXe siècle*, et d'une *Histoire de France* faisant partie de la collection intitulée LE MONDE, etc., etc.

Deuxième Édition.

Paris.

IMPRIMERIE D'ÉDOUARD PROUX ET Cᵉ,
RUE NEUVE-DES-BONS-ENFANS, 3.

1841.

PRÉFACE.

Dans un temps comme le nôtre, où tout ce qui touche à la politique est si mobile que, du jour au lendemain, projets politiques des ministres comme propositions législatives des Chambres, disparaissent tout d'un coup ou sont si complètement altérés dans leurs dispositions essentielles qu'il est impossible à leurs auteurs de les reconnaître ; dans un pareil temps, dis-je, il faut que le publiciste, pour ne pas manquer L'A PROPOS, bivouaque sur le terrain même où s'agitent, sans laisser de souvenirs, des questions qui jadis auraient soulevé le monde. C'est donc une véritable infortune que d'écrire à cent trente lieues de Paris sur un sujet qui, incessamment livré à des débats publics, ne doit passionner l'ardeur de la France que pendant un certain nombre de jours dont il est impossible de prévoir la durée, tant de caprices d'une part, tant d'intrigues d'une autre, précipitent ou retardent les délibérations des assemblées!! *Puis*, pour être digne de fixer un instant l'attention des élus du pays, on corrige, on efface sans cesse ; alors on arrive trop tard.

L'ouvrage que je publie dans ce moment n'a pu

échapper à ce genre de désastre ; il m'a d'ailleurs été inspiré par les périls que je découvre en foule dans la mesure qui menace Paris d'une enceinte continue et de forts détachés. Néanmoins, dans la crainte d'être PRÉVENU, j'avais préparé mon travail à l'avance, car je voulais le faire arriver dès le premier jour de la discussion, aux mains des membres de la Chambre des députés. Ce n'est pas tout : dans le dessein de consulter l'opinion, j'avais publié quelques parties de mon œuvre dans le journal que je dirige comme rédacteur en chef.

L'accueil bienveillant que reçut cette confidence hâta la résolution que j'avais déjà prise, d'offrir ma brochure dans son entier à nos législateurs du quai Bourbon ; j'envoyai donc mon manuscrit pour être imprimé dans la capitale. Mais je m'aperçus bientôt que plus de trois cents lieues de distance à parcourir pour l'aller et le retour, jointes encore aux lenteurs des ouvriers d'imprimerie, corrigeant des ÉPREUVES sans que l'auteur les surveillât ; je m'aperçus, dis-je, que tant de causes de retard ne me permettraient pas de paraître d'une manière utile : sur ce point toutes mes prévisions ont été réalisées. En effet, le jour même où j'écris à la hâte cette préface, les journaux de la capitale m'apprennent que l'amendement du général Schneider a été rejeté le 30 janvier par un nombre considérable de votans.

Cet échec, dont je sens plus qu'un autre les terribles conséquences, n'abat point mon courage. Né au sein des tempêtes révolutionnaires, je sais que si la veille les vagues ont leurs fureurs, le lendemain elles apportent leurs bienfaits. Plein de foi dans la fortune de la France, je me dis : si la Chambre élective, dans l'impétuosité de ses mouvemens menace de tout briser, la Chambre HAUTE, grâce aux CALMES salutaires de ses délibérations, parvient à tout conserver. C'est donc à elle qu'arrivera UTILEMENT mon travail ; car elle le recevra assez tôt pour qu'il devienne l'objet de ses méditations. MM. les *Pairs*, j'en ai l'assurance, liront un écrit qui, à défaut de tout autre mérite, enchaînera leur attention par l'ardeur d'une profonde conviction. Je tâcherai aussi que certains journaux de la capitale rendent compte de mon œuvre ; et si, dans cette foule immense qui compose aujourd'hui le public, je ramène à mon opinion quelques hommes pleins comme moi de sincérité, je m'estimerai heureux. Enfin, si même ce genre de succès me manque, je me consolerai en songeant qu'à mes FRAIS, risques et périls, j'aurai rempli l'office de bon français. Fils de Lutèce, j'aurai prouvé à tous l'attachement que du fond de mes entrailles je porte à la cité qui m'a vu naître. Au milieu de l'aveuglement général, j'aurai poussé un cri d'alarme contre un projet qui, en détruisant la liberté de Paris, étouffe celle de la France entière. Seul et sans appui, j'aurai dénoncé aux hommes de profonde intelligence, un projet qui dévorera jusque dans ses derniers vestiges cette admirable civilisation, honneur de la capitale des Gaules et garantie des splendeurs du monde. Maintenant, malheur à ceux qui ont des yeux pour ne pas voir et des oreilles pour ne pas entendre!

Grenoble, 3 février 1841.

DEUXIÈME PRÉFACE.

A peine la première édition de cet opuscule a-t-elle été livrée au public, que j'en fais paraître une seconde. Pourquoi en serait-on étonné ? ne vivons-nous pas à une époque où la mobilité est si grande, que la France abat chaque nuit ce qu'elle élève chaque jour ; passant avec la plus désastreuse rapidité d'une indépendance sans règle, à une abjection sans limite ; vieille histoire, entreprise il y a cinquante ans par nos pères, et que leurs enfans, pour qu'elle ne soit jamais finie, recommencent sans cesse, oubliant que les ruines, balayées sans cesse les unes par les autres, ne vivent pas assez pour laisser des traces durables, même dans la mémoire des hommes.

J'ai donc pu, dans un espace de temps assez court, apporter quelques changemens à une œuvre toute de circonstance. On m'accordera ensuite que la gravité de la question peut être envisagée sous une foule d'aspects nouveaux qui saisissent tout à coup l'esprit.

On aurait tort néanmoins d'espérer quelque IMPORTANTE MODIFICATION ; j'ai fait seulement, au début de mon œuvre, une coupure qui rétablit l'UNITÉ, cette base fondamentale de tous les arts. J'ai rayé en outre une addition à la fin de ma brochure; j'ai enfin rétabli un ou deux mots que dans leur légitime précipitation les ouvriers typographes avaient laissés en arrière. En définitive, c'est toujours le même ouvrage que j'ai l'honneur de présenter à MM. les Pairs; c'est ma pensée intime dans toute sa franchise énergique. Il est des heures de crise où le citoyen, *pour cacher tout ce qu'il pense*, forfait à son pays. PAIRS de France, encore une ou deux semaines, et vous déposerez dans l'urne du Luxembourg une BOULE qui décidera de nos destinées. Elite de la patrie, oubliez les intrigues du présent, si vous voulez sauver l'avenir.

Grenoble, 24 février 1841.

DE L'IMPOSSIBILITÉ

D'UN

GOUVERNEMENT REPRÉSENTATIF

AVEC LES

Fortifications de Paris.

———————

Toutes les questions inspirées par le salut public devraient recevoir leur caractère non pas seulement de la position de la capitale, mais de la grandeur même de la France ; car seule elle a le pouvoir de rallier tous les efforts comme de commander tous les sacrifices. Cependant Paris, proclamé centre de la civilisation nationale, a une mission particulière à remplir : il est tenu, sous peine de forfaire à sa destinée, de veiller nuit et jour sur la liberté de tous. C'est grâce à l'accomplissement de ce devoir suprême que nous lui passons tant d'avantages qui nous ruinent et tant de magnificences dont notre sueur fait les frais. Du sein de l'égalité que poursuit haletante depuis un demi-siècle l'impétuosité française, une cité dépassant toutes les autres leur impose des lois. Rampant sous le joug d'une contralisation qui envahit tous les intérêts sans avoir la véritable intelligence d'un seul, les provinces s'agenouillent, et sur la France entière Paris a posé son trône. Je ne lui disputerai pas les droits sur lesquels il appuie une souveraineté qui, dans nos jours si transitoires, compte déjà un demi-siècle de possession ; mais on ne règne aujourd'hui qu'au prix des services rendus ; c'est la seule monnaie qui maintenant achète la puissance parmi nous.

Or, si nous comparons l'influence sans bornes de la capitale à son utilité réelle, je le déclare sans détour : Paris usurpe, du moins sous le rapport des intérêts. Oui, une part immense lui est faite aux dépens des autres Français, qui, pour travailler, combattre et payer ailleurs, n'en ont pas moins droit à la justice distributive du pays.

On répond : mais depuis cinquante ans les combats décisifs de la civilisation ont été livrés dans les murs de la capitale ; au prix de tous les sacrifices ses enfans ont triomphé : à eux donc la récompense ! !

Ah ! si, comme l'or, le sang pouvait se peser, combien de villes, de bourgs, de villages et même de simples hameaux, dont les souvenirs, évoqués un instant, entraîneraient la balance de leur côté ! ! Guerres civiles (1), guerres étrangères (2); leur éner-

______

(1) La Vendée.
(2) L'ancienne Champagne, soit lors de l'invasion des Prussiens en 1792, soit lors de la coalition générale en 1813 et 1814.

gie a été mêlée à tout. Mais chez une nation aussi oublieuse que la nôtre, et où d'ailleurs tant de souvenirs de gloire se pressent, à peine sait-on la place où a vaincu leur héroïsme. Sans vouloir ici remonter un passé plein de douleurs, que de lieux parmi nous où tout a été dévoré !! Et dans ces solitudes on cherche en vain le sol sous les débris qui le couvrent.

Paris, au contraire, a vu depuis un demi-siècle s'accroître et sa population et ses richesses ; il a grandi de tous les désastres publics, et les deux invasions de l'Europe toute entière coalisée lui ont apporté le tribut de leurs trésors. Et comme si ce n'était pas assez pour les splendeurs dont il est si avide, les hommes d'élite qui appartiennent à toutes les parties du territoire sont accourus en foule dans ses murs, soit comme législateurs, soit comme artistes, soit comme gens de lettres. Les sciences elles-mêmes n'ont pas voulu manquer à ce commun rendez-vous. On pouvait croire au premier instant que cette masse si imposante, expression de toutes les puissances intellectuelles de notre âge, aurait forcé à la soumission la Babylone moderne : loin de là, ces hommes si éminens, une fois mêlés à l'air de Paris, en ont reçu la loi.

La capitale de la France, qui avait seulement mission d'élaborer dans son sein la pensée nationale, s'est donc constituée un état à part : *dans le pays,* a-t-elle dit, *tout est à moi, tout est pour moi.* Par un vertige inconcevable, l'opinion publique a

fait chorus avec elle, et les élus des départemens,
envoyés pour défendre les intérêts de tous, ont dis-
puté à qui voterait au plus vite cet or dont Paris
est toujours altéré. Enfin ils lui ont tout prodi-
gué, jusqu'au sang de leurs propres fils.

Au fond de ce dévoûment si aveugle il y avait
une idée généreuse et grande. L'un des besoins les
plus impérieux du siècle, c'est la liberté. Eh bien !
Paris, depuis long-temps devenu le siége des assemblées délibérantes, est en contact perpétuel avec
les mandataires de nos départemens, qui comme lui
appellent la liberté. Paris, grâce à son influence pré-
pondérante, sera donc la source la plus féconde de
l'indépendance générale ! ! ! A ce titre, que toutes
les prérogatives qu'il possède, que celles même
qu'il réclame encore lui soient irrévocablement ac-
quises ! !

Mais si de pareils sacrifices étaient apportés en
holocauste à la grande ville, à son tour elle offrait
une multitude de garanties. Siége consacré de l'indépendance du pays, dépôt des lumières générales,
ses portes étaient sans cesse ouvertes à ses enfans et
aux étrangers se disputant à qui viendrait puiser à
cette source les plus admirables enseignemens.
Partout ailleurs on voyait encore s'élever mena-
çans ces remparts, défense indispensable contre la
barbarie ; ils avaient disparu pour la capitale des
Gaules. Inspiratrice de toutes les grandes pensées
qui rajeunissent le monde, la vieille Lutèce com-
mandait par l'admiration à l'Europe qui, à son

exemple, repétrissait sa civilisation. De cette manière Paris était parvenu à payer la haute suprématie qui lui avait été décernée.

Temps heureux! la capitale était alors sans crainte, comme si elle eût déjà été maîtresse de l'avenir qui l'attendait! Aussi lorsque, sous le règne du meilleur de nos rois, on voulut lui infliger cette sécurité meurtrière des remparts, quelle indignation la saisit. Une résistance universelle s'éleva de son sein; et ce fut le seul moment où le Béarnais sur le trône vécut sans popularité. Un noble démenti s'élança sur-le-champ de ses lèvres, et la France et Paris, sûrs de leur salut, l'accueillirent de nouvelles acclamations.

Maintenant c'est au XIX\ :superscript:`e` siècle, et après avoir atteint nos ennemis à mille lieues de notre capitale, que nous irions nous ensevelir sous le poids ignominieux d'innombrables fortifications! La peur ne se laisse pas approcher, elle se cache et s'enveloppe; le courage se précipite et bondit. Et l'agglomération la plus nombreuse de Français s'entasserait tremblante derrière des murailles! Non, c'est impossible, ou Paris abdique.

Long-temps il nous a dominés tous, parce qu'il donnait à tous des garanties de liberté; mais Paris enveloppé de bastilles cesse d'être maître de lui-même. Dégradé de son rang, il lui est impossible de recevoir dans ses murs les élus de la France. Paris pourra être en sûreté, l'indépendance nationale est en péril, et désormais il n'y a plus de gouvernement représentatif parmi nous. La capitale, envahie par des armées en permanence, subira le joug d'un silence inévitablement imposé. Je le répète, les murs de Lutèce ne peuvent plus être le rendez-vous des mandataires du pays.

Mais avant d'entrer dans les détails de la discussion, il importe que je remonte aux premiers âges de la monarchie : des flots de lumière en rejailliront sur le berceau de Paris. Dans ces temps régnait la féodalité. Altière, impétueuse, pleine de courage et de générosité, ce qu'elle aimait avant tout, c'était l'émotion des combats. Mais dans la société de ces vieux jours, en face de la valeur et de l'énergie se trouvaient déjà des intérêts positifs : pour se développer, ils avaient besoin d'un abri protecteur. Ce fut donc à qui se cacherait derrière des murailles, et, quoiqu'imparfait, l'art des fortifications couvrit de ses travaux la plus grande portion de l'Europe. La race combattante, victorieuse la veille, redoutait d'être vaincue le lendemain ; car dans ces luttes on oubliait souvent PITIÉ et MISÉRICORDE. Les châteaux et les tourelles s'élevèrent donc à l'envi les uns des autres.

Cette ère, si long-temps indomptable, fut adoucie à la longue par le christianisme, les femmes et les lettres, ces grandes puissances séductrices du monde. Des rapports de tous les jours s'établissent entre toutes les classes; les armes perdent leur rudesse, le commerce multiplie ses travaux, la magistrature qui punit les crimes, l'éducation qui les prévient : voilà ce qui s'empare encore de tous les cœurs. Les créneaux tombent et les remparts des villes cèdent leur place à des demeures, asile de l'artisan qui retrempe sa dignité dans un travail sans trève.

Cependant les bienfaits de la civilisation ne réunissent pas encore tous les peuples qui forment la grande république européenne ; mais la défense brutale est exilée jusqu'aux frontières : là seulement s'élèvent des fortifications.

Telle est, d'après les documens les plus incontestables, la France des xviie et xviiie siècles. Eh bien ! c'est cette œuvre si parfaite qu'une nouvelle horde de barbares veut défaire, et ses mutilations elle les commence sur Paris même.

Cette grande ville sera-t-elle définitivement dépouillée de toutes les garanties de liberté qu'elle offre à la France, et possédât-elle, comme cité à rempart, tous les élémens d'une longue résistance, ses habitudes, ses devoirs de civilisation lui permettront-ils une lutte à mort ; c'est ce que je vais examiner.

Voyons maintenant de quelle manière s'est formé Paris ?

Mais avant je dois dire que la prépondérance d'une capitale chez un peuple civilisé, tient non pas à ses moyens matériels de défense, mais au mouvement intellectuel qu'elle imprime à la patrie toute entière. C'est un point de la circonférence qui doit faire diverger au loin les rayons dont elle est le centre. Ce n'est pas tout : qui dit lumières, suppose des libertés, car une fois éclairés il n'y a plus d'individus proprement dits, mais des citoyens dans un État. Sans doute si les empires, comme les langues, sortaient tout formés de la logique d'un homme, la capitale d'un État, sous le rapport de la défense générale, devrait être placée au milieu du territoire national. Mais des événemens successifs et souvent même contradictoires président à la naissance des peuples. Dans ces commencemens l'œuvre s'avance avec lenteur, elle est abandonnée, reprise, et disparaît souvent emportée dans ses premières convulsions. Les Francs, nos ancêtres, ont opéré la conquête des Gaules par le Nord; il ne faut pas s'en étonner, puisqu'ils formaient une des peuplades les plus courageuses de la Germanie. Par une conséquence naturelle, ils ont établi le siége de leur empire dans Lutèce, où les Romains, qui les avaient précédés en vainqueurs dans ces mêmes Gaules, avaient long-temps séjourné.

Les rois de la première race partageaient leurs États, véritables domaines de famille, entre leurs enfans. Il en est résulté, avec les siècles, que Paris n'a jamais pu être couvert du côté du nord, resté son point vulnérable. Je ne rappellerai pas ici les prodigieuses subdivisions que de règne en règne a subi le sol de la France; mais il arriva enfin que, grâce à ces mutations successives, l'unité disparut complètement sous les Carlovingiens, où le morcellement féodal subdivisa à l'infini le territoire national. Reconstituée plus tard par les Capétiens, cette même unité, qui n'était pas en harmonie avec les mœurs d'alors, éprouva les plus grands obstacles pour atteindre sa perfection ; car il arrivait que des rois de la troisième race, par amour pour leurs fils puînés, détachaient, à titre de fiefs, d'immenses parties du royaume, et, à l'aide de ces mêmes fiefs, leur formaient des monarchies à part. De cette manière fut créée la seconde maison de Bourgogne contre laquelle Louis XI si long-temps a lutté. Un mariage habilement contracté avec la fille unique de Charles-le-Téméraire, assurait à la monarchie capétienne plusieurs provinces au nord : précieuse acquisition qui, en couvrant Paris à une distance de cent lieues, le rendait pour ainsi dire imprenable. Mais Louis XI, subjugué par l'astuce habituelle de son caractère, ne comprit pas que, pour aller sûrement au but, il fallait marcher dans la grande route.

Cette occasion unique que Dieu envoie à la fortune de la France, échappe sans retour, et malgré la politique si haute et si prévoyante de Louis XIV, nos frontières, couvertes d'ailleurs par d'admirables forteresses, ne s'étendent jamais sur ce point au delà de soixante lieues. La Révolution française se montre plus heureuse, et, à la suite de nombreux triomphes, elle complète, sous le rapport du territoire, l'unité de la nationalité française en lui donnant pour limite le Rhin.

Si je jette mes regards sur le midi du royaume, je trouve qu'à la suite, soit de négociations intelligentes, soit d'événemens exploités avec bonheur, les

Pyrénées elles-mêmes nous couvrent; ces frontières, situées à plus de deux cents lieues de la capitale, lui assurent d'immenses moyens de protection comme de défense. Je me résume : Paris, à moins de circonstances extraordinaires, et par conséquent en dehors de toute espèce de prévision, Paris ne peut être attaqué avec chance de succès que du côté du nord; mais ce péril, depuis longues années il en a le discernement. Qu'a-t-il fait? à la force brutale de l'envahissement il a opposé toutes les ressources de la domination intellectuelle, et, grâce à ses efforts, il est devenu le centre de l'esprit envisagé dans ses ramifications les plus nombreuses et les plus étendues. Ce n'est pas qu'il ne possède assez de courage pour soutenir toutes les désolations d'un siége; en effet, sous la sanglante anarchie de la Ligue, il a défendu ses remparts contre Henri IV, qu'il n'a reçu plus tard que retrempé dans la foi catholique; à cette seule condition le monarque retrouva son trône au Louvre.

Je passe à d'autres détails, car l'histoire seule peut mettre complètement en relief le caractère particulier d'une capitale. D'où était sortie la Ligue? du mélange intime de l'exaltation religieuse et de la fougue guerrière de la féodalité. Henri de Béarn, baptisé à Saint-Denis, devint par ce seul acte assez fort pour étouffer sans retour le moyen-âge dans les deux grandes énergies qui étaient sa gloire comme sa vitalité. Mais chez un peuple plein d'action comme le nôtre, une force disparaît à peine qu'une autre la remplace : aux hommes d'armes si dévoués à Dieu et si intrépides sur les champs de bataille, succèdent les *écrivains*. On n'apprécie pas assez de nos jours tout ce qu'il y a de génie et d'indépendance dans ces hommes, gloire évanouie du xvie siècle. Les uns, comme Malherbes, étaient passés maîtres dans les formes les plus fines du langage ; tandis que les autres dans la surabondance de leur sève étincelaient d'originalité. Malherbes n'a-t-il pas préludé au goût si régulier de la poésie française, alors que Montaigne, dans sa prose si pittoresque et si entraînante, soulevait, pour amuser ses loisirs, toutes ces grandes questions qui, remises en œuvre plus tard, ont ébranlé le monde jusque dans ses fondemens. D'une autre part les femmes, qui parmi nous avaient déjà rendu d'admirables services pendant les désastres de la féodalité, quittèrent leur intérieur, où depuis longues années elles s'étaient tenues recluses, pour faire foule à la cour de François Ier. A peine y parurent-elles qu'elles y régnèrent ; la capitale elle-même reçut avec joie leur empire, et sous certains rapports elle y gagna beaucoup. En effet, aux développemens d'une intelligence qui sait tout pour son temps, elle joignit ces grâces des manières qui attirent d'abord pour retenir toujours. Paris marche de progrès en progrès. Arrive le siècle de Louis XIV, et il est proclamé partout le centre de la civilisation la plus raffinée du monde.

Mais il me reste encore à expliquer la capitale

sous un aspect nouveau, celui de la liberté politique.

Le parlement de Paris, dont la noble origine se perd dans la nuit des temps, et qui par ses nombreux services, disciplina en France jusqu'à la valeur turbulente de l'épée, le parlement de Paris a transmis de génération en génération certaines maximes d'indépendance et d'ordre public qu'avec le plus rare bonheur il a infiltrées dans toutes les veines de notre système monarchique. Ainsi, depuis le xvie siècle, trois sources immenses de progrès fertilisent à l'envi les unes des autres notre capitale. Les écrivains, les femmes souveraines à la cour de nos princes, et les magistrats rendant des arrêts suprêmes sur les fleurs de lys, soit en matières judiciaires, soit en matières politiques. Et comme le pouvoir de ces derniers n'était pas défini, il s'élevait jusqu'au niveau des plus mémorables circonstances. Le parlement de Paris faisait les reines régentes et cassait les testamens des rois. La majesté de Louis XIV n'était pas encore descendue dans la tombe, qu'elle avait subi le salutaire affront d'une justice égale pour les peuples comme pour les monarques.

Il advint de ces diverses causes réunies, que la capitale, reconnue souveraine intellectuelle de la France, déserta toutes les habitudes qui tiennent à l'exercice de la force physique. Dans cette cité on fut tout, hors soldat. Cependant un ministre abuse-t-il de son pouvoir, comme Mazarin : on le chasse; la lutte n'est pas de trois jours, elle dure des années entières ; mais on ne l'engage qu'à la dernière extrémité, et alors la civilisation se voila en Europe. A part ces jours désastreux, Paris s'est toujours renfermé avec orgueil dans les luttes de l'intelligence ; en veut-on une preuve éclatante ? Dans le siècle dernier une secte rêve à sa naissance la régénération sociale la plus absolue ; elle sent, comme tout ce qui veut CONQUÉRIR, le besoin de resserrer ses forces dans un centre unique. Eh bien ! cette secte, où tous se donnent le nom de philosophe, elle accourt dans les murs de Paris, et de cette ville soulève toute la France : riches et pauvres, princes et gens de cour, appellent une révolution radicale ; elle s'accomplit, et, se transformant suivant les époques, conquiert l'Europe après l'avoir catéchisée. Une réaction a lieu, la France est refoulée dans ses limites primitives par une coalition de vingt peuples différens. Cette coalition relève la tête. Paris, qui, sous le double rapport de la liberté et de l'indépendance, féconde notre énergie, Paris est-il plus apte à nous défendre d'une invasion par son intelligence qui soumet tout, que par de massives fortifications qui tôt ou tard le rendront esclave ? Je dis qu'une fois ensevelie sous des remparts qui amèneront la présence de camps perpétuels ; je dis que la capitale abrutie ne pourra plus donner au pays l'élan de l'honneur national ; je soutiens qu'elle sera morte pour elle-même comme pour le reste de la France, et que la liberté éteinte au cœur expirera bientôt aux extrémités.

J'établis maintenant que, comme ville de guerre, elle sera impuissante à rendre aucune espèce de service.

J'ai d'abord un aveu à faire: le plus grand fléau de la France, et qui me paraît mille fois plus à craindre que tous les périls de l'invasion, c'est la maladie des généralités à laquelle sont en proie quelques publicistes des journaux de la capitale. Sont-ils frappés que notre vieille Lutèce a été prise deux fois dans l'espace de vingt-six ans, et que sa chute a amené la soumission du reste de la France, ils s'écrient : fortifions Paris, donc il deviendra imprenable.

Il y a ici, du moins à mon sens, la plus étrange des confusions. Si deux fois notre capitale a passé sous le joug de l'étranger, et si la France a partagé l'amertume d'un pareil sort, ce n'est pas parce que nos frontières du nord n'étaient pas assez éloignées; si nous avons été vaincus, c'est par la centralisation dont Paris était devenu la première victime ; son essence en avait été altérée. La force de LA GRANDE VILLE, je le répète, est toute d'intelligence; au rebours de sa nature, on en avait fait le dépôt de tous les intérêts matériels du pays ; on avait, qu'on me passe le terme, encombré sur un seul point toutes les ressources de la nation : ce point tombé au pouvoir de l'ennemi, la France lui appartenait toute entière. Qu'est-il advenu depuis 1830 ? On a porté jusqu'à la folie l'exagération du système si pernicieux de la centralisation. Maintenant que va-t-on faire en élevant des remparts autour de Lutèce, si ce n'est que tendre un nouvel appât à l'avidité de l'Europe.

En effet, dès l'instant où la capitale sera devenue la première forteresse du pays, capitaux, richesses, viendront en foule y chercher un refuge. Tous les regards seront sans cesse attachés sur Paris, devenu par la force des choses le trésor public de la France. C'est dans son sein, c'est autour de lui que nos soldats groupés en masses se tiendront jour et nuit immobiles sur la défensive. Malheur immense pour eux et pour nous !!

En effet, si l'armée française a une qualité, la première de toutes, c'est son ardeur à marcher en avant ; elle se centuple par l'attaque, c'est d'impétuosité et d'élan qu'elle emporte tout ; mais, en retour, il ne faut pas qu'elle jette un regard en arrière. Eh bien ! quand Paris résumera tous les intérêts de la France, nos soldats, habitués à camper sur ses places ou dans les environs de son enceinte continue, nos soldats ne pourront plus s'en détacher. Cette impression sera encore bien plus profonde chez les généraux qui marcheront à leur tête, car ils auront des hôtels, des intérêts dans Paris ; c'est là que résideront leurs capitaux ; ils cesseront alors d'être les hommes du pays, pour devenir les défenseurs exclusifs d'une localité. Ainsi les partisans du projet de loi vont évidemment contre le but qu'ils cherchent à atteindre : ils veulent que Lutèce, comme ville à REMPARTS, protége l'indépendance de notre belle patrie ; loin de là , Paris fortifié lui sera mortel.

De ces considérations si élevées je descends à des détails qui, pour être secondaires, n'en sont pas moins importans.

Savez-vous, écrivains de généralités, ce qui rend une ville imprenable, une ville invincible, si de nos jours il y en a encore ? ce ne sont pas, croyez-m'en, quelques monceaux de pierres de plus ou de moins ; ce sont les mœurs propres aux citoyens qui habitent telle ou telle cité ; ce sont les habitudes dans lesquelles leur jeunesse a été élevée et qui la façonnent avec certitude au succès de la DÉFENSE : Paris possède-t-il ces mœurs, ces habitudes ? voilà la grande question.

Eh bien ! Paris n'a ni les mœurs ni les habitudes indispensables à la *défense* ; et par sa composition même il est impossible qu'il les ait : je l'en félicite dans l'intérêt de la civilisation française.

Qu'est-ce qu'une ville forte ? A dessein je la choisis au nord même de notre pays : un espace étroit, traversé par quelques rues sombres ou entassées les unes sur les autres ; les habitans, presque tous VIEUX SOLDATS, bivouaquent dans leurs maisons, toujours prêts à faire feu sur l'ennemi. Le courage, j'en conviens, on le trouve partout sur notre territoire, c'est l'air qu'on respire en naissant. Mais ce n'est pas assez que d'être INTRÉPIDE dans une ville à REMPARTS, il faut savoir encore s'imposer tous les genres de privations : la faim, la soif, l'abstinence plus ou moins grande de certains alimens. Ces devoirs sont sacrés dans les places fortes, parce que depuis plus de quatre siècles leur population, en les remplissant, est sortie victorieuse d'une multitude de siéges dans lesquels elle a puisé une haine immortelle contre tout soldat qui porte une cocarde étrangère. Ne nous étonnons donc pas de ces sacrifices héroïques au devant desquels courent tant de braves, car à ce prix seul l'honneur de leur cité se perpétue intact de génération en génération.

Mais dans ces enceintes si glorieuses n'y cherchez pas des citoyens en masse ; les soldats : voilà le grand nombre, voilà la majorité incontestable. Aussi la population civile porte-t-elle cette empreinte ineffaçable des camps ; là seulement la famille disparaît devant le drapeau du pays ; citoyens comme soldats SÉJOURNENT plutôt qu'ils ne VIVENT EN FAMILLE ; au premier coup de tambour tout se convertit en champ de bataille ; comme au premier coup de tambour on se fait jour à travers les ruines pour aller poursuivre l'ennemi. J'ai vécu des mois entiers dans ces villes, et j'affirme que L'ESPRIT-SOLDAT y est tellement dominateur qu'il étouffe jusqu'à ces racines si vivaces par lesquelles la propriété enlace le citoyen au sol qui l'enrichit.

Passons outre, et voyons quel est le nombre d'habitans qui résident dans ces cités exclusivement guerrières : deux, trois, quatre mille. Ce chiffre doit être porté plus haut à Metz, à Strasbourg, à Lille et à Grenoble ; mais, dans ces cas exceptionnels, le résultat est toujours le même, car la population militaire s'accroît suivant l'importance des PLACES, de telle sorte que les citoyens s'abîment toujours absorbés dans les régimens établis chez eux.

J'admets cependant le chiffre le plus élevé et je le porte à vingt-cinq mille, c'est à dire bien au delà de la vérité réelle ; et puis, maintenant je vais comparer ces vingt-cinq mille citoyens, qui ont toutes les aptitudes pour servir utilement dans un siége, aux NEUF CENT TRENTE MILLE AMES qui se meuvent dans Paris ; je demanderai ensuite, à tout homme de bonne foi, si dans notre capitale cette prépondérance de la population civile ne doit pas éteindre à la longue l'esprit militaire de la garnison de Paris. Dans un temps donné, la minorité, par une conséquence inévitable, ira se fondre dans la majorité : donc aussi *tous*, avec le temps, nous inclinerons plutôt vers la paix et la transaction, que du côté de la résistance invincible, de la résistance à mort, ou même de la défense inerte et passive.

Au nom de la France envahie, la capitale demandera toute entière des armes !!! Je le veux bien ; le sang de Lutèce bouillonnera pendant vingt-quatre heures : je lui concède cette fièvre d'héroïsme ; mais s'il faut le lendemain entrer dans cette résignation sans bornes, dans ces sacrifices si cruels, et dans ces privations si rigoureuses, tribut des villes assiégées, Paris en sera incapable. En effet, des siècles s'écoulent avant que les habitans des villes à *remparts* puissent se soumettre complètement à leur sort, et vous voulez que Paris l'accepte dans quelques jours, dans quelques mois : c'est impossible; en voici les raisons.

Toute ville assiégée est sous le joug d'une discipline de fer; les volontés individuelles, ce ressort si admirable pour soulever quelquefois jusqu'à la gloire le plus chétif hameau, les volontés individuelles s'évanouissent tremblantes devant la force militaire; le souverain, c'est le mot d'*ordre*; tous s'inclinent devant lui. Elevez des remparts autour de Paris; ce que vous avez à exiger avant tout de ses habitans, c'est cette servitude muette, salut des *villes fortes*, mais voilà aussi ce que vous n'obtiendrez jamais d'eux; non point que dans certains cas ils n'en comprennent la nécessité, mais jamais ils ne pourront la subir long-temps. En effet, il y a dans ces hommes à si IMPÉTUEUSE SENSATION, un besoin continuel d'indépendance qui les emporte à leur insu; pour en faire des automates, il faudrait d'abord les hacher jusque dans leur dernière fibre, et encore celle-ci, à son heure suprême, protesterait d'un dernier mouvement d'indignation contre la tyrannie qui l'égorge; c'est avec connaissance de CAUSE que je parle; enfant de Paris, c'est ma conviction toute entière qu'on entend; nous nous imposons des devoirs, au péril de notre vie nous les remplissons; mais le commandement qui parle haut, nous le repoussons; les devoirs, ceux qui nous obligent, ils sortent de notre conscience ou de notre raison; en un mot, l'obéissance qui *impose* dans la crise passagère du péril, elle vient de nous, elle vient de nous seul.

Cette organisation, admirable pour féconder au sein d'une grande ville la civilisation jusque dans ses derniers développemens, est incompatible avec les exigences d'une ville à *remparts*; là, ce qui importe avant tout, ce sont, comme je l'ai déjà dit, des automates la main toujours tendue sur le ressort du fusil, des automates qui ne mangent que quand on leur permet de toucher aux vivres, rare distribution qui leur est faite; des automates, enfin, qui n'ont des oreilles que pour être attentifs, et des yeux que pour apercevoir le but où sans sourciller ils doivent marcher vite et droit. Cette obéissance, pour être salutaire dans certain cas, n'en est pas moins abjecte, elle ne peut jamais naître dans une capitale. En effet, on PENSE avant tout dans Paris ; dans une ville à rempart on OBÉIT seulement.

A ceci on répond : Paris sera tenu en bride avec des forts détachés, dans lesquels on amoncellera jusqu'à des corps d'armée. Je comprends : à un million d'habitans vous joindrez encore un million de soldats. L'ennemi accourt ; il est déjà sous les murs de Lutèce fortifiée, car c'est là que se donnera désormais la bataille décisive, eh bien, avec quelles ressources, je vous le demande, nourrirez-vous deux millions d'assiégés, soit citoyens, soit soldats? évidemment c'est impossible: donc votre projet est absurde ; il est surtout pernicieux, car si Paris est contraint seulement à quelques jours de résistance, il sera brûlé.

Les patriotes de 1841, qui , au nom de la liberté , demandent ce que la liberté a toujours refusé : des remparts qui oppriment ; ces patriotes, de si singulière espèce, ignorent donc un fait éclatant ou n'en ont pas l'intelligence. En effet , voici ce qu'ils disent : « Si Paris eût pu tenir quelques jours en » 1814 , Bonaparte , grâce à l'une de ces illumina- » tions subites qui tant de fois lui ont donné la vic- » toire, chassait les étrangers. » Lui seul sans doute aurait pu concevoir et réaliser un aussi magnifique dessein. Mais quoi, patriotes de 1841, hommes à si courte mémoire , n'avez-vous pas escorté il y a quelques jours les cendres de Napoléon pour leur donner un dernier asile digne de toutes les pompes et de tous les trophées de sa vie. Mais ces cendres, dont le voyage a ému le monde, naguère si profon- dément remué par cet homme , ces cendres elles- mêmes, débris de tant de grandeurs, seraient impuis- santes pour faire revivre un passé englouti tout entier dans la tombe qui renferme désormais Bonaparte et son Empire. La France a *dérogé* , grâce à l'esprit bourgeois et mercantile du temps où nous vivons.

Des phrases sur l'indépendance, on en fait à loisir, c'est un moule à la portée de tous ; mais donner sa fortune et son sang pour la défense de l'État : vieille coutume dont petits et grands sont revenus. Tous supputent avec l'exactitude la plus rigoureuse ce que chaque heure apporte de lucre ; on grossit son pécule, où puise l'État ; car seul il remplace tous ces vieux ordres mendians dont nos ancêtres se plaignaient jadis. Ceux-ci (je parle des ordres mendians) demandaient au nom de l'éternité ; l'État aujourd'hui quête et quête sans cesse au nom des besoins du présent, sans pouvoir d'ailleurs nous rendre notre vieille sécurité. Ce n'est pas que je me plaigne des impôts en eux-mêmes ; seulement je blâme quelquefois l'usage qui en est fait. Mais il n'en faut pas moins reconnaître, pour être juste, que les habitans de Paris fléchissent sous le poids de charges publiques, à l'acquittement desquelles la vie la plus laborieuse suffit à peine. Ce qu'ils peuvent tout au plus, c'est d'accorder, comme gardes nationaux, un jour par mois à leur ville, et l'on voudrait en faire des serfs vieillissant au pied de remparts, certitude de leur prochain esclavage ; et l'on voudrait, sans qu'ils soufflassent mot, les abrutir sous cette corvée infâme que repoussent leurs mains libres et que condamnent leurs devoirs ; car, une fois fortifié, Paris égorge sa liberté et celle de toute la France.

Après avoir établi que les habitans de la capitale ne possèdent aucune des qualités propres à la défense des villes, il me reste à démontrer que les Parisiens eux-mêmes, voulussent-ils consentir à se laisser environner de remparts, la France doit s'y opposer, ne fût-ce qu'au nom de ses intérêts matériels.

Maintenant, s'il est un fait hors de doute, c'est que de tous les systèmes, le plus antipathique à la liberté comme au bon sens, c'est la centralisation.

Les provinces la subissent; mais qu'on ne s'y trompe pas, ce n'est que provisoirement. Il faut bien aussi qu'on le sache, nous vivons tous dans une attente continuelle de changemens; rien, parmi nous, n'est fondé; rien, parmi nous, n'est assis. Cette vérité, secret de notre position, on ne l'écrit pas, on ne l'avoue pas tout haut, mais elle sort à chaque instant triomphante des obstacles comme des palliatifs qu'on lui oppose. D'abord aura lieu une réforme électorale; pareil ressort sans doute ne peut être touché qu'avec la plus extrême délicatesse; cependant on y portera la main. Cette première réforme sera bientôt suivie d'une autre, qui rendra en masse aux départemens l'administration de leurs intérêts matériels.

J'attends avec patience lorsqu'il s'agit d'améliorations importantes; cette sagesse, je la recommande aux autres; ne brisons donc rien par une précipitation d'enfant; mais il faut au plus vite émonder la centralisation jusqu'au moment où on la détruira dans sa dernière racine. Qu'on y fasse bien attention : si les notables des départemens ont été contraints jusqu'ici à rencontrer des juges dans les bureaux de Paris, cet inconvénient si grave a été contrebalancé par un fait immense : Paris était le centre de toutes les libertés publiques comme de tous les genres d'instruction; mais que le projet Vauban-Thiers soit adopté, les habitans des provinces se verront ravir toute espèce de garanties; au lieu de la justice règnera l'intrigue; au lieu du savoir qui discerne, s'élèvera l'ignorance qui confond ; car, en matière contentieuse-administrative, comme en matière de franchises politiques, il n'y a parmi nous qu'une seule ville qui, grâce à l'étendue de ses lumières, peut tenir en échec les intentions coupables d'un pouvoir qui voudrait s'établir usurpateur sur les ruines de la justice particulière comme sur celles de la liberté générale.

Pas de périphrases : Paris, une fois enveloppé de fortifications, le gouvernement représentatif disparaît parmi nous ; en d'autres termes, il devient impossible en France (1). Je l'admets, au moment où

(1) Je demande, pour édifier le lecteur, à faire ici un seul rapprochement : Nos pères, long-temps martyrs des luttes du moyen-âge, vivaient CRAMPONNÉS, si je puis m'exprimer ainsi, au POSITIF DES CHOSES ; leur gros bon sens se contentait donc de franchises locales. Nous autres Français des XVIIIe et XIXe siècles, conduits à la liberté politique par une sorte de philosophie métaphysique, nous ne tenons qu'à L'INDÉPENDANCE en général, mot de plus qui enrichit le répertoire de notre PARLACERIE quotidienne. Mais la RÉALITÉ en elle-même nous attache si peu, que nous la laissons faire fausse route dans le premier piége qu'on lui tend. Il y a plus : cette LIBERTÉ INDÉFINIE qui nous inspire tant de lieux communs, nous l'échangeons avec joie contre l'amusement d'un spectacle inattendu : giraffe, chemins de fer, fortifications, tout est nouveauté et surprise pour Paris. Les bourgeois de Lutèce iront donc chaque dimanche mesurer de combien de pieds s'élèvent les remparts qui un jour les muséleront. Puis, quand la CAGE sera complète, ils gémiront d'en être devenus les OISEAUX OBLIGÉS. Ce n'est

j'écris, Lutèce a ses remparts, et vis à vis les uns des autres se trouvent les soldats qui défendent l'enceinte continue, les forts détachés et les citoyens de la ville, qu'en style du moyen-âge on appelait *manans* (1) et qu'au xviiie siècle on traite de *pékins*. Reconnaissez-le avec moi, si le sang parisien coule dans vos veines, des collisions continuelles éclateront entre le *civil* et le *militaire*, et, un jour ou l'autre, il surgira bataille générale. Nous autres, enfans de Paris, nous nous défendrons comme des lions, mais que pourrons-nous faire contre la mort vomie par des milliers de bouches à feu !!!

Paris, dit-on, a résisté en juillet 1830, trois

pas tout : au plus léger bruit de guerre, plus de journaux sincères ou malins ; car une armée ennemie n'entrera plus désormais en France sans marcher aussitôt sur la capitale, et la liberté de la presse est incompatible avec l'état de siége. En présence de tant de désolations, les bourgeois de Paris appelleront à leur secours la publicité des débats des chambres ; mais, encore une fois, dans l'état de siége, la parole n'est plus qu'à l'autorité militaire, et c'est à l'oreille qu'elle donne ses ordres. Les regards se tourneront alors vers le pouvoir exécutif ; mais, dans les crises, il bat le premier en retraite : Marie-Louise, en 1813, l'a prouvé. Parisiens, mes compatriotes, amis des fortifications, vous avez ouvert, dites-vous, la grande époque de notre liberté par la prise d'une bastille, et vous voulez l'accroître encore en élevant mille bastilles. Je pense plutôt, pour ma part, que vous entrez dans l'horreur de l'indépendance politique, et au poids de tous les crimes qu'elle a fait commettre à quelques esprits faux ou corrompus, vous la trouvez trop légère dans la balance.

(1) Du verbe latin *manere*, demeurer.

jours DURANT ; mais c'est qu'il faisait la petite guerre
à des soldats isolés dans les rues, et dont les chefs
principaux hésitaient même à commander la victoire. A la place de ces soldats intrépides, car des
deux côtés il y a eu lutte sublime, mettez des masses
profondes et devancées par les feux meurtriers de
l'artillerie : nous étions vaincus. *Et la preuve!!!*
c'est que, dans les luttes postérieures, le canon a
fait taire la fusillade des Parisiens.

J'ai soif sur ce point d'éclairer la raison publique,
j'ajoute donc : si jamais duel exécuté sur une échelle
immense porta la terreur dans toutes les âmes, ce
fut cette horrible bataille à mort livrée aux soldats
de Louis-Philippe par les ouvriers de Lyon. Eh bien!
ces hommes on les a domptés : un général d'artillerie était là (1). Je reviens à Paris, tous nous en
avons gardé le souvenir : des INDOMPTABLES tels qu'en
enfantent les partis à profonde conviction ; de jeu-
nes républicains, en un mot, s'embusquent au
cloître Saint-Méry ; vingt-quatre heures ils balan-
cent la fortune des bourgeois du juste milieu : l'artillerie tonne, juillet et son programme falsifié
triomphent.

Enceinte continue! forts détachés! qu'est-ce autre
chose qu'une énorme concentration de moyens de
ruine et de mort contre la capitale, hurlant avec
récidive l'émeute? c'est son arrêt définitif incrusté
dans l'airain.

(1) Le général Rohault de Fleuri.

Déchirons tous les voiles : jamais la pensée de foudroyer l'ennemi n'a présidé à la construction des remparts parisiens ; ce qu'ils représentent, c'est la pensée gouvernementale tirant à mitraille sur l'émeute avec laquelle elle veut en finir. Cette fois, et plus sûrement que jamais, les boulets du juste milieu iront frapper droit à des poitrines françaises : donc, les huit cents millions qu'on va nous demander, c'est pour armer en grand contre la dernière de toutes les insurrections A VENIR.

De la part de peuple, je repousse les appels à la force, mais je les tolère encore plutôt que la perte de la liberté, parce que la liberté c'est le souffle du citoyen plein de vie ; l'insurrection, après tout, et dans maintes circonstances, qu'est-ce autre chose que le pouls qui d'indignation bat trop fort. Je le déclare tout haut : le gouvernement de juillet ne se trouvera jamais face à face avec une guerre européenne. A quoi bon alors ces remparts dont on menace Paris ? L'invasion, nous ne la verrons plus. Instruite par le passé, la coalition, désertant les périls des armes, préférera toujours traiter de gré à gré avec la PRUDENCE qui nous gouverne et dont elle obtient, par AMBASSADEUR, des conditions si avantageuses, que la victoire, dans le dernier de ses enivremens, n'oserait pas même les rêver.

On insiste, mais dites-nous au moins pourquoi le gouvernement de juillet, converti en JUSTE-MILIEU, éprouve tant de répugnance à mettre la main sur les armes lorsqu'il s'agit de commander FEU contre l'Europe? C'est que la guerre remue un pays jusqu'au fond des entrailles, et que, dans cette commotion universelle, il est impossible de calculer ce qui arrivera : JUILLET, ne nous le dissimulons pas, sait juste jusqu'où s'étendent ses racines, et il comprend que, superposé à la superficie de la terre de France, il suffit pour qu'il tombe de la première oscillation du sol.

Nous n'aurons donc jamais la guerre tant que Louis-Philippe respirera; *pouvoir exécutif*, il nous fera continuellement vivre en paix avec l'Europe, car l'homme qui a nos destinées entre ses mains ne peut pas COMBATTRE AU DEHORS.

En veut-on une nouvelle preuve : Toutes les forces militaires dont il dispose peuvent à peine suffire depuis 1830 à enchaîner la résistance à l'intérieur. Voilà que tout à coup, et en dépit des efforts de Louis-Philippe, une coalition se forme, et il faut que deux millions de Français se lèvent pour courir spontanément à l'ennemi!! Rien de pareil ne peut avoir lieu dans une contrée où, sur *trente-trois* millions d'habitans, on compte tout au plus quelques CENTAINES de MILLE d'électeurs. Pour de si rares et de si chétifs avantages ne se dévouent pas les masses; et avec justice on leur voit exiger, en leur nom ou pour une partie considérable d'entre elles, la jouissance de certains droits politiques avant de se précipiter dans une lutte, dernier VA-TOUT de l'honneur national. L'honneur national!!! mot sublime, mais qui ne s'exalte que fécondé par la chaleur d'une démocratie pour ainsi dire sans bornes. Quel parti prendra donc cette dernière avant de peser sur l'Europe avec le double poids de ses souvenirs et de ses vengeances : elle soufflera sur Louis-Philippe pour le faire disparaître, obstacle le plus hostile à l'accomplissement de ses desseins. Rappelons-nous que le jour où pour la première fois s'est émue la question d'une guerre générale en Europe, cette meurtrière déclaration a été notifiée sous toutes les formes au CHEF du gouvernement de juillet. Et vous irez croire qu'un prince qui serre aussi habilement dans ses mains ce qu'il a gagné ou reçu, ne maintiendra pas la France en paix avec l'Europe!! Je l'affirme, oui, Louis-Philippe vivra en paix jusqu'à son dernier soupir..... avec l'Europe.

Je me place dans une autre hypothèse et je m'écrie : Donnez à la France un gouvernement qui rallie la majorité, je veux dire la majorité active, ardente, du pays ; à ces gens là à quoi bon des remparts, ils n'attendent pas l'ennemi, ils courent au devant. Je le répète, conservons-nous le gouvernement actuel, les fortifications de Paris seront inutiles contre une invasion étrangère puisqu'elle n'aura jamais lieu ; seulement les remparts qu'on veut construire seront pernicieux aux Parisiens, car il est clair qu'au premier jour d'émeute, la liberté et ses abus, le gouvernement représentatif, ses avantages et ses inconvéniens, tout disparaîtra exterminé sous la pluie de la même mitraille.

Mais vous espérez une révolution faite au profit des idées républicaines.

Et c'est pour gens de cette trempe que vous sollicitez des bastions et des remparts? Quelle dérision!! entre l'ennemi et eux ils tuent ou sont abattus à bout portant.

Mais si au mode de gouvernement qui existe aujourd'hui succède une démocratie puissante, vous pensez que, dans sa fièvre continuelle d'indépendance, elle supportera la vue de vos remparts, insulte perpétuelle à ses instincts, à ses penchants. A Paris, proclamé république, il faut au lieu de fortifications, des entrées toujours libres, des portes plus larges, des abords plus nombreux; mort à tout ce qui est entrave. Vos remparts et les huit cents millions qu'ils ont coutés, s'engloutiront, vieux décors d'Opéra, au premier coup de sifflet que fera entendre l'opinion publique.

Je me trompe, dites-vous, et dans leurs innombrables replis, forts et bastions envelopperont la capitale : désormais, déserte et silencieuse, elle baissera la tête; vous voilà rassurés, fauteurs des fortifications, votre lot est bon; mais c'est donc là où vous vouliez en venir, vous qui si haut vous déclariez amants fanatiques de la liberté; vous êtes de bonne foi, j'y consens, mais à quel piége vous vous êtes laissé prendre!!!

Depuis dix ans vous vociférez la plainte et l'outrage contre certains hommes d'état : las du mépris que déversent sur eux tant d'attaques, ils con-

spirent votre bàillonnement; vous êtes leurs véritables ennemis, ils ne peuvent vous séduire, ils
vous accableront; et dans votre aveuglement vous
allez à eux les mains jointes, vous discutez sur la
valeur intrinsèque des fers qu'ils vous préparent,
et vous en soulevez le poids avant de les recevoir,
comme pour constater votre esclavage.

Vous avez réussi, et cette héroïque indépendance,
souffle vital de Lutèce, sera étouffée sans retour:
êtes-vous contens? Mais avant que le sacrifice soit
irrévocablement accompli, songez donc au nombre
de siècles qui se sont écoulés sans que la Bastille
ait pu être escaladée. Vous aurez des compensa-
tions, c'est mon avis, et Lutèce à l'avenir possèdera
l'élite des chanteurs, car lorsqu'on la dégrade il
faut l'amuser; les cercles où l'on joue, les maisons
où l'orgie étale ses turpitudes sans trève, voilà où
triomphera le progrès; la dépravation n'aura pas
de bornes, elle deviendra brillante pour s'établir
immortelle; mais, Français, élite de notre pays,
qui invoquez seulement cette liberté qui a pour
appui la vertu, bientôt elle s'échappera de tous les
cœurs qui battent encore aujourd'hui pour elle.

Ce n'est pas tout. Paris, mort pour la liberté,
c'en est fait de la grandeur morale et intellectuelle
de nos provinces: les députés qu'elles envoient dans
nos murs y perdront bientôt leurs convictions.
Épuisé jusque dans sa sève, le gouvernement représentatif, en dépit de la plus profonde tranquillité,
expirera de consomption parmi nous.

Mais Lutèce ne vit pas seulement de doctrine et d'opinion, elle est aussi fertilisée par l'industrie : cercle immense, comprenant ceux qui travaillent comme ceux qui vendent. En dernière analyse, Paris porte dans son sein soixante mille patentés autour desquels se groupent des centaines de mille d'ouvriers qui attendent la paie du samedi pour solder le pain qui a nourri, pendant toute la semaine, la famille. Cette machine prodigieuse, mise en mouvement par la liberté seule, ne peut jamais s'arrêter. L'industrie prévoit, raisonne, calcule, se hasarde toujours à son gré, et dans les limites qu'elle s'impose, parce qu'elle en a l'intelligence. Par sa position elle a besoin, avant tout, que les portes de la cité soient ouvertes aux heures de jour comme de nuit, et vous aspirez à tenir cette dernière captive ; vous l'enveloppez de remparts qui la cernent de tous côtés. En d'autres termes, l'industrie, née indépendante, ne se conserve et ne s'accroît qu'à force de liberté, et vous voulez qu'elle résiste à cette servitude de tous les instants, partage inévitable d'une ville à FORTIFICATIONS. Mais dans cette serre chaude que vous lui imposez, elle périra étouffée comme la plante à laquelle les rayons du soleil manquent. Voilà, au reste, ce qu'affirme dans tous les âges l'autorité si imposante de l'histoire. Rome, souveraine du monde sous l'EMPIRE et point de réunion pour de grandes forces militaires, Rome n'a jamais eu vestige d'industrie. Vérité évidente !! puisque la plus grande partie de

ses citoyens étaient nourris au moyen de distribu-
tiòns publiques.

Dans nos temps modernes j'aperçois trois grandes
capitales : LONDRES, AMSTERDAM et PARIS ; eh bien !
les bourgeois de Londres, qui possèdent à un si haut
degré le génie industriel, n'ont-ils pas obtenu que
jamais une troupe de soldats ne pénétrât dans la
cité proprement dite. Figurez-vous la métropole de
l'Angleterre entourée de fortifications, et un mois
après vous serez effrayé du déficit qui éclatera dans
ses revenus, ou, pour être plus exact, dans les revenus de l'État (1).

A ces jours de gloire et de prospérité où la Hol-
lande était républicaine, je ne saurais exprimer jusqu'à quel point elle poussait le mépris contre les
soldats de FORTUNE ou de MÉTIER. Rappelons-nous
Paris antérieur à 1789 : un seul régiment suffisait
à sa garnison (2), et à peine était-il aidé par quelques hommes de police dans les détails d'une sur-
veillance générale. Aux plus beaux jours de l'EMPIRE
français, époque de magnifiques conquêtes et où
le régime militaire avait reçu par conséquent une
extension considérable, on comptait deux régimens
attachés à la garde de Paris (3), considéré comme

(1) Londres, dépourvue de murailles, n'a pas d'octroi comme
Paris.

(2) Celui des gardes-françaises.

(3) On les désignait sous les noms de VERTS et de ROUGES,
de la couleur de leur uniforme.

chef-lieu d'une division militaire. Depuis 1830, un changement fatal s'est opéré sous ce rapport. En effet, tous les TREMBLEURS de la capitale se sont mis à crier secours et protection contre l'émeute, comme si elle allait les dévorer tous ensemble !!

Alors le *pouvoir exécutif* d'exploiter à son profit particulier des ACCÈS DE PEUR dont il avait sondé à l'avance toute la portée politique. Des régimens entrèrent en foule dans nos murs ; l'INFANTERIE nous donna trente mille hommes sous les armes, sans mettre en ligne de compte les régimens dispersés dans la banlieue de Paris. A mon tour je dirai : récapitulez, à dater de ce moment, le nombre si considérable des faillites, et reconnaissez avec moi que dès l'instant où une capitale, centre d'un immense commerce, est convertie en place de guerre, elle est perdue dans le premier comme dans le plus précieux de tous ses intérêts : l'industrie.

Mais voyez comme tout se tient dans le système des hommes qui nous gouvernent ! à la suite de l'introduction d'immenses forces militaires dans la capitale, malgré l'esprit de la constitution, est venue bientôt la pensée des REMPARTS. Il nous faut, a-t-on dit, appeler sans cesse des soldats dans Lutèce ; ils parquent au milieu des rues, vainqueurs dans des batailles de la veille, que nous redoutons de voir recommencer le lendemain ; à ces soldats, instrumens si dociles, élevons des demeures désormais imprenables ; n'est-ce pas assez de mettre Lutèce à l'abri des attaques, entourons-la de tous les moyens de ruine et de destruction, afin qu'au premier signal ils prennent l'offensive.

Ce plan, je le conçois dans votre intérêt; mais vous imaginez-vous que les familles riches qui viennent à Paris imprimer à son commerce l'impulsion la plus vive; vous imaginez-vous que ces familles consentiront à rester sous la menace de ce commandement militaire : EN JOUE, FEU; car, ôtez cet office sanguinaire aux fortifications de Lutèce, elles ne servent plus à rien. Mais la population splendide de l'Europe, s'enfuyant de Paris, à quels abois ne sera pas réduit le commerce de notre capitale !! Il sera mort, irrévocablement mort.

Je termine :

Nation la plus belliqueuse de l'Europe, notre courage intelligent n'a rien à craindre des autres peuples; nous avons dans les crises guerrières le courage qui se dévoue, le bras qui frappe juste, la mitraille qui mutile et disperse; nous avons en outre l'argent, ce nerf de toutes les grandes entreprises. Et, forts de tant d'avantages, nous tremblerions devant la crainte de l'étranger !! Non, nous sommes calmes et tranquilles : la terreur, elle est de votre côté; mais ce n'est pas l'invasion que vous redoutez, c'est l'explosion du sentiment national.

Nous avons obtenu une constitution libre dans son ensemble, mais perfectible dans ses détails; nous possédons en outre une tribune publique et la liberté de la presse : trésors qui nous appartiennent bien, car nous les avons achetés au prix des plus terribles sacrifices, nous ne voulons donc pas que, sous des prétextes menteurs, vous éleviez autour de Paris des remparts dont les canons feront taire la voix de nos orateurs, arrêteront l'essor véritablement patriotique de nos écrivains et mettront en lambeaux la gloire de ces hommes qui, voyant la tyrannie descendre des fortifications parisiennes pour nous envelopper de toutes parts, risqueront une dernière lutte dans les rues de Lutèce.

Voilà ma pensée toute entière ; je l'exprime sans détour ni ruse de langage, parce que j'écris comme la France toute entière SENT.

www.ingramcontent.com/pod-product-compliance
Lightning Source LLC
Chambersburg PA
CBHW061324050726
47595CB00005B/1806